BATMAN BEGINS ™

BATMAN: EL COMIENZO

**Guión original de
Christopher Nolan y David S. Goyer**

Relato de David S. Goyer

**Batman es un personaje
creado por Bob Kane**

NIVEL 2

Directora de la colección: Jacquie Bloese
Adaptación al español: Cecilia Bembibre
Edición en español: Noemí Cámara
Diseño: Victoria Wren
Maquetación de cubierta: Edinumen
Edición gráfica: Emma Bree
Créditos: Página 51: Imagesource; Imagestate; Image 100.

Publicado por Scholastic Ltd. 2008

Mary Glasgow Magazines (Scholastic UK Ltd.)
Euston House
24 Eversholt Street
London
NW1 1DB

Impreso en Singapur

CONTENIDOS

LOS BUENOS

Batman

El nombre real de Batman es Bruce Wayne. Su hogar es Ciudad Gótica. Bruce viene de una familia rica. Su familia construyó gran parte de Ciudad Gótica. La casa familiar se llama Wayne Manor.

Alfred Pennyworth trabaja para la familia Wayne desde siempre. Antes trabajó para el padre de Bruce y ahora trabaja para Bruce. Alfred cocina, conduce el coche y ayuda en todo.

El sargento James Gordon es un agente de policía del Departamento de Policía de Ciudad Gótica.

Lucius Fox trabaja en las Empresas Wayne, en el departamento de Ciencia Aplicada. Allí piensan ideas nuevas.

Rachel Dawes es amiga de Bruce desde que eran niños. Su madre trabajaba en Wayne Manor. Ahora, Rachel es asistente del fiscal de distrito de Ciudad Gótica (es una abogada muy importante) y quiere luchar contra los malos.

COMIENZO

Los Malos

Ducard es el número dos de Rā's al Ghūl.

William Earle es el jefe de las Empresas Wayne.

El Dr. Crane es el médico más importante del Asilo Arkham de Ciudad Gótica. El asilo es para gente con problemas mentales. Allí también envían a criminales.

Carmine Falcone es el mayor criminal de Ciudad Gótica. Él le da dinero a la gente importante que a cambio obedece sus órdenes.

Rā's al Ghūl es un luchador extraordinario con grandes ideas. Él entrena a los *ninjas*. Vive en una montaña en Bután, en el centro de Asia.

Lugares

Ciudad Gótica solía ser un lugar grande y alegre. La gente tenía buenos trabajos y vidas felices. Al comienzo de esta historia, Ciudad Gótica es una ciudad oscura y terrible. La mayoría de la gente importante es criminal. Nadie se preocupa por la gente normal.

Wayne Manor es una casa vieja y hermosa en Ciudad Gótica. Está lena de cosas muy caras. Tiene jardines fantásticos. La familia Wayne siempre ha vivido allí. Pero ahora solo vive Bruce, y él está lejos. Wayne Manor está vacía, a excepción de Alfred.

La Torre Wayne está en el centro de Ciudad Gótica. Las Empresas Wayne y la estación de tren también están allí.

Batman: El comienzo

CAPÍTULO 1
LA FLOR AZUL

Bruce Wayne estaba en prisión en Bután, un país muy lejos de su hogar en Ciudad Gótica, Estados Unidos.

Un día esperaba el desayuno junto a los demás presos. Todos esperaban en fila. Después de esperar un largo rato, Bruce obtuvo su plato lleno de comida horrible. Se fue hacia una de las mesas. Un hombre muy alto se paró delante de él.

—Dame tu comida —dijo el hombre.

—No —dijo Bruce.

El hombre golpeó a Bruce en la cara. Bruce se cayó al suelo y su plato voló por los aires. Cuando se levantó, había siete hombres altos y fuertes delante de él. Dos de ellos agarraron a Bruce por los brazos. Él usó sus piernas –con fuerza– y los hombres se cayeron.

Después: —¡PUM! —Sonó un disparo.

Al oír el arma de fuego, todos los presos se tiraron al suelo rápidamente. Un guardia agarró a Bruce por el brazo.

—Ven conmigo —dijo.

—¿Por qué? —preguntó Bruce—. ¿Para que esté a salvo?

—No —dijo el guardia. ¡Para que ellos estén a salvo!

El guardia empujó a Bruce hacia el interior de una habitación y cerró la puerta. La habitación era muy oscura, pero Bruce vio que no estaba solo. En la esquina había un hombre. No parecía un preso. Llevaba ropa buena.

—Mi nombre es Ducard —dijo—. Trabajo para Rā's al Ghūl. ¿Lo conoces?

—¿Es un criminal? —preguntó Bruce.

—No —dijo Ducard—. Es un gran hombre con ideas geniales. Sabe que usted necesita ayuda, señor Wayne. Quiere ayudarlo.

Ducard caminó hacia la puerta y gritó. El guardia fue y la abrió. Ducard se giró hacia Bruce.

—Hay una flor muy especial —dijo—, crece en una montaña que está cerca de aquí. Es azul. Encuéntrela y llévela hasta la cima de la montaña. Allí encontrará la respuesta a su pregunta.

—¿Y cuál es mi pregunta? —preguntó Bruce.

—¿Adónde voy? —dijo Ducard. Y se fue.

—«¿Por qué Ducard se interesa por mí? ¿Qué sabe de mí?» —se preguntó Bruce. Se sentó en la dura cama y comenzó a pensar sobre su vida. Recordó aquel día terrible en Ciudad Gótica, muchos años antes.

Es un niño pequeño. Está jugando con su amiga Rachel. Los dos corren por el jardín de su casa, Wayne Manor. Hay un viejo pozo en el jardín. Bruce trepa hacia el interior del pozo y ríe.
—Mírame, Rachel. Estoy…
De pronto ya no se ríe. Grita.
—¡Auxilio!, ¡auxilio! Me caigo…

Y se cae hacia abajo, hacia el fondo del pozo.
¡Golpea el suelo con ruido!
—¡Ay! ¡Mi pierna! —grita. Se siente mal.
Luego oye unos ruidos raros ¡No está solo en el pozo!
—¡Auxilio! ¿Qué pasa? —Mira y ve una nube de horribles cosas
negras. ¡Murciélagos! Vuelan hacia él y contra él. Sus dientes son
como cuchillos. El niño piensa que va a morir. Se encoge y grita.
—¡Auxilio! ¡Auxilio! —Después, todo se vuelve negro.
De repente, está en la cama.
La única persona que está en el dormitorio con él es Alfred.
Alfred trabaja para la familia Wayne desde siempre.
—Se cayó desde muy alto, señor Bruce —dice Alfred—. Pero se
va a poner bien. Alfred espera un momento, y después pregunta:

—¿Por qué nos caemos, señor Bruce?
Bruce sabe la respuesta, pero no la recuerda.
—No me acuerdo —dice Bruce—. Dímelo.
—Nos caemos —dice Alfred con una sonrisa—, para aprender a
levantarnos otra vez.

Bruce salió de la prisión.

Al día siguiente, Bruce comenzó a subir a la montaña.
Encontró la flor azul fácilmente. Subió más alto. Y más
alto. Y más alto. Hacía muchísimo frío. Empezó a caminar

sobre hielo. A esa altura nevaba fuertemente. Bruce tenía frío y estaba de mal humor. Y muy cansado.

«Debo llegar a la cima» —pensó—. «Pero no sé si puedo».

Por fin vio un gran edificio. Empujó una puerta muy pesada y entró.

Rā's al Ghūl estaba sentado en una gran silla. Ducard estaba a su lado. También había una fila de *ninjas* con espadas en la mano… listos para luchar.

Bruce tenía miedo. Rápidamente les mostró la flor azul en su mano. Ducard la tomó.

—¿Estás listo para empezar? —preguntó.

—¿Listo? No, no —dijo Bruce—. Estoy muy cansado.

Ducard lo arrojó al suelo. —Debes estar siempre listo —dijo—. Aquí te enseñaremos a estar listo.

Un día, Ducard le dijo a Bruce: —No me tienes miedo, ¿verdad?, ¿de qué tienes miedo?

—De los murciélagos —dijo Bruce. Y le habló a Ducard sobre los murciélagos del pozo. —Mi padre me enseñó algo importante sobre los murciélagos del pozo —dijo—. Los murciélagos volaron hacia mí porque me tenían miedo. Todas las criaturas tienen miedo de algo, aún las más horribles, como los murciélagos. Yo no lo sabía. Mi padre era muy inteligente. Yo le quería mucho. Pero poco después de ese día murió. Un asesino mató a mis padres. Su nombre era Joe Chill.

Es de noche. Están en el teatro. De pronto, hay murciélagos en el escenario. Vuelan sobre los cantantes y los bailarines. Bruce está asustado, así que se van del teatro temprano. Pero fuera, en la calle, hay un hombre con un revólver. Quiere dinero. Roba

el dinero de la familia pero quiere más. Y luego —**¡PUM!** —*el hombre dispara su revólver. La madre de Bruce grita. El padre de Bruce se cae al suelo.* —**¡PUM!** —*dispara otra vez. La madre de Bruce también se cae al suelo. Este es el peor momento de la vida de Bruce. Y es todo culpa suya..*

—No fue culpa tuya, Bruce —dijo Ducard—. Tú eras un niño.

Ducard le daba clase a Bruce, en un río. Estaban luchando con espadas.

—Siempre debes mirar a tu alrededor con mucho cuidado, Bruce —dijo Ducard. De repente, golpeó su espada contra el hielo.

¡CRRRRRRRRRRRRRAC!

El hielo se quebró y Bruce cayó al agua negra que había debajo.

Bruce tomó clases con Ducard durante muchos meses.

Aprendió a luchar con sus manos y pies. Y aprendió a luchar con una espada y a subir edificios altos rápida y silenciosamente. Aprendió muchas cosas. Pero sobre todo aprendió a usar sus oídos y sus ojos, y aprendió a pensar rápidamente.

—Es el momento de ponerte a prueba —dijo un día Ducard—. Hoy debes luchar contra todos los *ninjas*.

Entonces, Bruce luchó con su espada contra todos los *ninjas*. Fue una lucha muy larga, pero al final ganó.

—Ahora luchas muy bien —dijo Ducard—. Creo que estás listo.

CAPÍTULO 2
MURCIÉLAGOS POR TODAS PARTES

Esa noche, Bruce no pudo dormir. Recordó su vida tras el asesinato de sus padres. ¡Estaba tan triste y tan enfadado! Siempre yendo de escuela en escuela y de universidad en universidad. Nunca viviendo en el mismo lugar...

Bruce tiene veinte años. Vuelve a Ciudad Gótica en tren. Alfred lo va a buscar a la estación. De camino a Wayne Manor ve que todo es diferente. Todo está sucio. Muchas casas están vacías. Muchas tiendas están cerradas. Hay gente durmiendo en la calle.

—Ahora las cosas están muy mal en Ciudad Gótica, señor Bruce —le dice Alfred—. Pero Wayne Manor todavía es su hogar. Su padre era un gran hombre, y un día usted también será un gran hombre.

Es el mismo día, por la tarde. Bruce está sentado en la cama. «Joe Chill saldrá libre hoy» —pensó—. «Él asesinó a mis padres hace doce años. Y hoy yo voy a matarlo a él». Saca un revólver de su bolsa.

Su amiga de la infancia, Rachel, llega a la casa de Bruce. Ahora es asistente del fiscal de distrito. Una importante abogada de Ciudad Gótica.

«¡Uf!» —piensa cuando la ve—. «Es tan guapa». Van en coche a la prisión.

—¿Por qué dejan libre a Joe Chill hoy? —pregunta él.

—Cuando Chill estaba en prisión, compartió habitación con Carmine Falcone, el famoso delincuente —explica Rachel—. Ellos hablaban y Chill se enteró de muchas cosas sobre Falcone. Le va a dar esa información a la policía.

Llegan a la prisión. Los periodistas esperan. Joe Chill sale. Hay

policías a su alrededor. Bruce sale del coche de Rachel y camina
hacia Chill. Tiene la mano sobre su revólver. Pero, de repente, una
mujer rubia aparece entre la gente.
Corre hacia Chill. Ella también tiene un revólver en la mano.
—Falcone te saluda, Joe —dice—. ¡Pum! ¡Pum! La mujer asesina a
Joe Chill.

Joe Chill estaba muerto. Pero Bruce no se sentía mejor.
Aquella no era la respuesta.

Ducard tomó la flor azul de Bruce. Partió la flor seca en
trozos e hizo un fuego con ellos.

—Ahora, huele tu flor —le dijo a Bruce.

Bruce acercó su nariz al humo. El olor era horrible. De
repente, comenzó a recordar los peores días de su vida…
Caía en el pozo…Veía la sangre de sus padres en la calle…

—Tienes miedo de estas cosas. Míralas. Lucha contra
ellas. ¡Ahora! —le dijo Ducard.

Señaló una gran caja de madera. Bruce la abrió.

¡ZUUUUUM!

Cientos de murciélagos escaparon de la caja. Bruce
quería gritar y correr. Pero no lo hizo.

«No» —pensó—. «Debo ser fuerte».

Se quedó de pie, en silencio. No se movió. No dijo ni
una palabra.

—¡Bien hecho! —dijo Rā's al Ghūl—. Ahora no estás
asustado. Estás listo para unirte a mis *ninjas*.

Rā's al Ghūl le dio una lámpara a Bruce. —Toma esta
lámpara y dame tu vida.

Bruce tomó la lámpara. —¿Adónde debo ir con tus
hombres? —preguntó.

—A Ciudad Gótica —respondió Rā's al Ghūl—. Ciudad

Gótica debe morir. Debes matar a todos sus ciudadanos.

—¡No! —gritó Bruce. No podía ser real.

—Te hemos enseñado muchas cosas —dijo Rā's al Ghūl—. Ahora debes hacer esto por nosotros.

—¡No lo haré! —gritó Bruce—. Tiró la lámpara al suelo de madera. El suelo se rompió. El fuego llegó hasta las cajas de explosivos de los armarios y los explosivos comenzaron a explotar.

¡PUM!, ¡PUM!, ¡PUM!

Los *ninjas* corrían por todas partes. El techo comenzó a caer. Se cayó sobre Rā's al Ghūl y lo mató. Al correr hacia la puerta, Bruce vio el cuerpo de Ducard en el suelo. No estaba muerto. Bruce lo agarró y lo sacó del edificio, hacia la nieve.

Lo llevó hacia abajo de la montaña helada, pero Ducard pesaba mucho y casi se cayó montaña abajo. Bruce lo salvó.

Poco después los hombres llegaron a unas casas. Bruce dejó a Ducard con un anciano.

—Salvaste su vida. Se lo diré —dijo el anciano—. ¿Adónde vas?

—Voy a casa —dijo Bruce.

Bruce se fue de allí. Llamó a Alfred por teléfono.

—Alfred, te necesito —dijo—. Por favor, ven a buscarme.

Alfred voló a Bután en el avión de la familia Wayne y llevó a Bruce de nuevo a Ciudad Gótica. Le contó los cambios terribles que habían ocurrido en Ciudad Gótica. Carmine Falcone era ahora el jefe del crimen en la ciudad. Todos tenían miedo de él. Y William Earle ocupaba ahora la silla del padre de Bruce en Empresas Wayne, la compañía de la familia Wayne en la Torre Wayne.

—Bruce Wayne está muerto —Earle anunció a todos—. Ahora el jefe soy yo.

Bruce escuchó a Alfred con atención.

—Voy a salvar Ciudad Gótica, Alfred —dijo.

Cuando llegaron a Wayne Manor, Bruce vio una pequeña cosa negra en la pared.

—¿Qué es eso, Alfred? —preguntó.

—Es un murciélago, señor —respondió Alfred—. Por aquí hay muchos murciélagos.

De pronto, Bruce salió corriendo de la casa. Corrió hacia el pozo del jardín; bajó hasta el fondo. Estaba muy oscuro y notó un viento frío. Podía oír agua. Estaba muy cerca. Siguió las paredes negras y llegó hasta una gran cueva. En la cueva había un río. Y había murciélagos por todas partes. Cientos y cientos de murciélagos.

Bruce sonrió.

A la mañana siguiente Bruce se puso un traje nuevo y fue a la Torre Wayne.

La mujer de la recepción de Empresas Wayne intentó pararlo. —No puede entrar aquí —dijo—. Están en una reunión de negocios.

Pero Bruce abrió la puerta y entró. Había muchos hombres sentados alrededor de una mesa larga. Y al final de ella estaba William Earle.

—Buenos días, señor Earle. Buenos días a todos —dijo Bruce.

Earle se puso blanco pero rápidamente intentó sonreír.

—¡Qué alegría verte! —dijo—. Volviste. ¡Qué sorpresa!, ¡qué buena sorpresa!

—Volví para trabajar aquí —dijo Bruce—. Quiero aprender el negocio familiar.

Bruce comenzó a trabajar en el departamento de Ciencia Aplicada. Era el departamento de nuevas ideas, pero las Empresas Wayne no parecían muy interesadas en las ideas nuevas últimamente. La única otra persona en la oficina era Lucius Fox. Lucius era un amigo del padre de Bruce.

Bruce miró a su alrededor. El enorme despacho estaba lleno de cosas raras e interesantes.

—¿Qué es esto? —preguntó, y señaló un traje negro.

—Es un traje especial —dijo Lucius—. Puede parar un cuchillo. Incluso puede parar un arma de fuego.

—¿Me lo puedo llevar? —preguntó Bruce.

—Por supuesto —dijo Lucius—. Todas estas cosas son suyas de todos modos.

Bruce se llevó el traje especial a casa, y luego a la cueva. «Pronto» —pensó—, «estaré listo».

CAPÍTULO 3
UN HOMBRE DE LA NOCHE

La noche en que los padres de Bruce murieron, Bruce estuvo mucho tiempo en la comisaría. Uno de los agentes de policía fue muy amable con él. Su nombre era sargento James Gordon. Bruce pensó que era un buen policía. Ahora, Bruce quería hablar con Gordon.

Pero no fue con su ropa de siempre. Se puso el traje especial negro y una máscara.

Cuando Batman apareció en la oficina de Gordon, el sargento se sorprendió y se asustó.

—¿Quién eres? —preguntó—. ¿Qué quieres?

—No tenga miedo, sargento Gordon —dijo Batman—. Necesito su ayuda. Sé que Carmine Falcone es el mayor criminal de Ciudad Gótica. ¿Por qué todos le tienen miedo?, ¿por qué nadie lo detiene?

—Porque… —dijo Gordon—, ¡paga a toda la gente importante de Ciudad Gótica!

Bruce fue al río por primera vez en muchos años. Allí había mucha gente. Gente sin casa. Gente que dormía en la calle todas las noches.

Algunas personas estaban de pie alrededor del fuego. Bruce fue hacia el fuego y se calentó las manos. Miró hacia la calle de enfrente y señaló una puerta.

—¿Es ese el club de Carmine Falcone? —preguntó.

—Sí —respondió un hombre.

Al día siguiente, en el trabajo, Lucius Fox dijo: —Venga conmigo, señor Wayne. Quiero mostrarle algo.

Bruce lo siguió a una gran habitación. Allí, en el centro

de la habitación, había un coche fantástico.

Un rato después, estaban en el coche y Bruce conducía por las calles rápidamente.

—¡Más despacio, señor Wayne! —gritó Lucius.

—¡Ni hablar! —gritó Bruce ¡Esto es fantástico! Esto no es un coche común, es como un avión. ¿Me lo puedo llevar?

—Por supuesto —gritó Lucius—. ¡Todas estas cosas son suyas de todos modos!

Más tarde, Bruce condujo el coche hasta Wayne Manor.

—Lo llamaré el Batimóvil —le dijo a Alfred.

Bruce era ahora un hombre de la noche. Bruce era Batman.

Se paró en lo alto de un edificio cerca del club de Falcone. Miró hacia la calle junto al río. Vio a un agente de policía hablando con un grupo de hombres que trabajaban en los barcos. El agente sacó una pequeña bolsa blanca y se la dio a los trabajadores. ¡Drogas! Así que algunos de los policías de Ciudad Gótica también eran malos. Falcone les pagaba a todos.

Falcone estaba sentado en su oficina con el Dr. Crane, el jefe del Asilo Arkham.

—Nuestro jefe llegará muy pronto —dijo Crane. Cuando le diga lo que pasó con el dinero –su dinero– no estará contento.

—No se lo digas —dijo Falcone—. No sacaré más. Esta es la última vez.

Le dio una bolsita a Crane.

—¿Ahora quieres controlar las drogas? —preguntó.

De pronto, hubo un ruido muy fuerte y un sonido de revólveres. Crane se escapó por la puerta rápidamente.

Batman llegó volando a la habitación.

—¿Qué eres tú? —preguntó Falcone.

—Soy Batman. A partir de esta noche, todo va a cambiar.

Batman fue a la casa de Rachel. Entró a su dormitorio por la ventana.

—¡Rachel, despierta! —dijo—. Quiero decirte algo. ¡A partir de esta noche todo va a cambiar!

—¿Y quién eres tú?

—Un amigo. Quiero hacer cosas buenas, como tú. Quiero luchar contra la gente mala de Ciudad Gótica.

El sargento Gordon llegó al río. Allí había muchos periodistas. Tomaban fotos. Junto al barco había una gran caja, llena de pequeñas bolsas de drogas. Los hombres de Falcone estaban en el suelo, detrás de la caja.

—¡Fantástico! —dijo Gordon—. ¿Dónde está Falcone? Siempre se escapa.

—Esta vez no. Mira, está allí —dijo alguien.

Gordón miró. Junto al río había una gran luz que salía de una farola. Un hombre estaba atado sobre ella. No se movía. Era Falcone.

Al día siguiente, Rachel leyó el periódico y vio la foto de Falcone en la primera página. Sonrió.

En la comisaría, el jefe del sargento Gordon estaba muy enfadado.

—¿Quién le hizo esto a Falcone? —gritó—. ¡Encontradlo pronto! Los policías parecen tontos por su culpa.

—Creo que intenta ayudarnos, señor —dijo Gordon.

—¡No necesitamos su ayuda! —gritó el jefe.

—«Quizás sí» —pensó Gordon. Pero no dijo nada.

El Dr. Crane visitó a Falcone en la comisaría.

—Dile a la policía que tengo una enfermedad mental —le dijo Falcone—. O les contaré todo sobre las drogas y tus experimentos.

Crane estaba enfadado. —¿Qué sabes sobre las drogas y mis experimentos? —preguntó.

—Sé que haces pruebas con ellas en la gente de tu asilo —dijo Falcone—. Sé que el jefe planea algo grande.

—¿Te gustaría ver mi máscara? —dijo de pronto el Dr. Crane—. La uso en mis experimentos. A la gente le da mucho miedo mi máscara. No le gusta nada.

Abrió su bolso y sacó una máscara horrible. Se la puso.

—¿Qué tal estoy?

¡ZUUUUUM!

De pronto, un humo blanco salió de su bolso.

Falcone intentó gritar pero le dolían la nariz y la boca. Vio cosas horribles frente a él. Crane guardó la máscara en el bolso rápidamente y lo cerró.

Llamó a la policía.

—El señor Falcone es un enfermo mental —le dijo al agente—, llevaremos al señor Falcone al Asilo Arkham. Allí podemos cuidarlo.

Earle estaba enfadado. Bruce Wayne estaba de nuevo en Ciudad Gótica. Earle quería vender las Empresas Wayne por mucho dinero. Pero ahora no podía.

Y tenía otro problema. Su número dos en las Empresas Wayne, Rogers, se lo estaba contando.

—Uno de nuestros barcos más grandes desapareció —dijo Rogers.

—En ese barco hay una máquina muy grande y muy cara—dijo Earle—. Una máquina muy peligrosa que puede transformar agua en vapor.

CAPÍTULO 4
EL HUMO BLANCO

—«Nadie debe saber que soy Batman» —pensó Bruce—. «Todos deben pensar que simplemente soy rico y perezoso».

Así que una noche, Bruce fue a cenar a uno de los restaurantes de hotel más caros de Ciudad Gótica. Llevó a dos hermosas mujeres con él, una en cada brazo. Después, las mujeres quisieron nadar en la piscina del hotel.

—Está cerrada —dijo el camarero.

—Entonces compraré este hotel ¡y abriré la piscina! —dijo Bruce—. Y se tiró a la piscina junto a las dos mujeres.

Más tarde, cuando Bruce salía del hotel con las dos mujeres, Rachel entraba. Llevaba un vestido fantástico y estaba muy guapa.

—No has cambiado mucho, ¿no, Bruce? —le dijo ella—. Para ti la vida es una fiesta y nada de trabajo, ¿no?

—Rachel. En el fondo no soy así.

—Lo importante es lo que haces, Bruce; no lo que dices.

Batman fue a ver al sargento Gordon.

—Aquella noche, en la oficina de Falcone, había alguien más —dijo—. Alguien que probaba las drogas ¿Sabe quién era?

—No lo sé —respondió Gordon—. El Dr. Crane del Asilo Arkham suele visitar a Falcone. Quizás era él.

—Sí, quizás —dijo Batman—. Creo que iré al Asilo Arkham.

—No es un lugar seguro —dijo Gordon—. Está en el barrio de los Narrows, una parte muy peligrosa de la ciudad.

—No para mí —dijo Batman.

Batman llegó a los Narrows enseguida. Detrás del Asilo Arkham había un edificio oscuro. Batman entró y encontró una caja muy grande. Era una caja de un barco. La abrió. Dentro había una máquina, del tamaño de un coche grande. Batman leyó una frase en la caja: EMPRESAS WAYNE – 47B1-ME.

Dos hombres entraron en el edificio. Uno era un trabajador de los barcos. El otro era un hombre vestido con un traje oscuro. No vieron a Batman.

—¿Cuáles son las órdenes del jefe? —preguntó el hombre del traje oscuro.

—Dejar la máquina aquí hasta que él esté listo —dijo el trabajador del barco.

—Está bien —dijo el hombre del traje oscuro—. Era el Dr. Crane.

De pronto, Batman voló desde la caja hasta el suelo.

—No, no está bien —dijo Batman. Golpeó al trabajador en la cara y este cayó al suelo. Crane se puso la máscara rápidamente, y levantó el brazo hacia Batman.

¡ZUUUUUM!

Una nube de humo blanco salió del abrigo de Crane.

De repente, a Batman le dolían la nariz y los ojos. Comenzó a ver las peores cosas de su vida frente a sus ojos.

—«Ya me sentí así antes» —pensó Batman—. «¿Pero, dónde?».

Luego recordó: «Rā's al Ghūl, la caja de madera, los murciélagos, el fuego en el edificio… ».

Se acercó a la ventana caminando sobre sus manos y rodillas.

Crane lo observó. —Vas a morir, Batman —le dijo.

Batman salió por la ventana, subió por la pared hasta el techo.

Allí sacó su teléfono móvil.

—Alfred —dijo—. Alfred, te necesito. Por favor ven, pronto. Estoy enfermo. Necesito un análisis de sangre.

Ahora Bruce tenía pensamientos terribles en su cabeza. Estaba en el teatro… los murciélagos… sus padres… un revólver… sangre en la calle…

Y luego… nada.

Abrió los ojos. Estaba en casa, en su dormitorio. Alfred entró.

—¿Cuánto tiempo dormí? —preguntó Bruce.

—Dos días, señor —respondió Alfred. Hoy es su cumpleaños.

—Fue el humo blanco —dijo Bruce—. Por suerte no había mucho. Pero ya me sentí así una vez en mi vida. En la montaña, en Bután.

—Tengo los resultados del análisis de sangre —dijo Alfred. Le dio un papel a Bruce.

—Es una droga muy peligrosa —dijo—. Puede matar a la gente. Pero conozco a alguien que puede hacer un antídoto.

Al día siguiente, Bruce le mostró los resultados a Lucius Fox.

—¿Era esta tu sangre? —preguntó Lucius—. ¡Tienes suerte de no estar muerto!

—Sí, mucha suerte —dijo Bruce—. ¿Puedes hacer un antídoto?

—Creo que sí—dijo Fox—. Pero no será fácil.

—Una cosa más —dijo Bruce—. ¿Qué es Empresas Wayne 47B1-ME?

—No lo sé —dijo Fox—. Pero probablemente pueda averiguarlo.

El sargento Gordon fue a ver a Rachel.

—¿Irá Falcone a prisión esta vez? —le preguntó.

—Creo que sí —dijo Rachel—. Está en todos los periódicos.

—Batman vino a verme, señorita Dawes —dijo Gordon—. Me pidió ayuda.

—Sí, ya lo sé —dijo Rachel—. A mí también vino a verme. Es un hombre con una máscara negra, sargento Gordon. Quizás sea peligroso.

—No lo creo —dijo Gordon—. Ya hizo muchas cosas buenas.

La puerta se abrió y entró Bruce Wayne.

—Oh, lo siento —dijo—. Volveré luego.

Gordon conocía a Bruce Wayne por los periódicos.

—No importa, señor Wayne —dijo—. Ya me iba —Se fue.

—¿Qué quieres, Bruce? —preguntó Rachel, enfadada.

—Quiero invitarte a una fiesta esta noche —dijo él—. Y quiero decir que lo siento.

Rachel sonrió. Nunca podía estar realmente enfadada con él. —¿Dónde es la fiesta?

—En mi casa, en Wayne Manor —dijo Bruce.

Un policía abrió la puerta.

—Llevaron a Falcone desde la comisaría al Asilo Arkham —dijo.

—¿Quién decidió eso? —preguntó Rachel.

—El jefe de allí, el Dr. Crane.

Rachel metió rápidamente algunas cosas en un bolso.

—Debo irme —le dijo a Bruce—. Y no creo que pueda ir a tu fiesta mañana. Lo siento.

Abrió la puerta y miró a Bruce.

—¡Feliz cumpleaños, Bruce! —dijo.

Rachel estaba en la oficina del Dr. Crane en el asilo.

Batman escuchaba desde fuera del edificio.

—Falcone está a punto de ir a prisión y de repente se vuelve loco —dijo Rachel—. ¿No es un poco raro, Dr. Crane?

—¿Le gustaría ver a Falcone, señorita Dawes? Así podría decidir usted misma —dijo Crane—. Venga conmigo, se lo mostraré.

Falcone estaba acostado en la cama. No podía moverse.

Máscara… máscara… máscara… —decía.

—¿Le disteis drogas? —dijo Rachel.

—Sí, por supuesto —dijo Crane—. Les damos drogas a todos nuestros pacientes ¡Esto es un hospital!

—El doctor del Cuerpo Policial debe verlo y hacerle unos análisis de sangre —dijo Rachel—. Voy a llamarlo ahora mismo.

—Muy bien —dijo Crane—. Venga por aquí.

Bajaron unas escaleras y llegaron a una puerta. La puerta tenía una cerradura electrónica. Crane marcó unos números y se abrió. Giraron a la derecha y entraron a una gran habitación. Sobre las mesas había cientos de bolsitas azules. Unas personas con trajes blancos trabajaban junto a las mesas.

—Aquí hacemos nuestras drogas —dijo Crane.

Rachel se giró y salió corriendo. Llegó a la puerta, pero estaba cerrada con llave. Marcó distintos números. No pasó nada.

De pronto, un hombre con una máscara horrible apareció junto a ella… y luego una nube de humo blanco…

Rachel estaba acostada sobre una mesa.

—¿Quién sabe que usted está aquí? —gritó Crane—. Quiero saberlo antes de matarla.

—¿Qué hacemos ahora? —preguntó uno de los hombres.

—Llama a la policía —dijo Crane.

—¿Quieres a la policía aquí? —preguntó otro de los hombres, sorprendido.

—Batman está aquí —dijo Crane—. Noto su presencia. Si la policía viene, lo atrapará.

De repente, algo negro voló hacia ellos y golpeó a los dos hombres. Estos cayeron al suelo.

Batman miró a su alrededor ¿Dónde estaba Crane? Escuchó un ruido detrás de él y se giró. En la oscuridad vio una máscara y una mano. Batman arrancó la máscara de la cara de Crane. Puso la mano de Crane bajo su propia nariz. En el interior del abrigo del doctor había un frasco. Del frasco salía humo. Humo blanco.

¡ZUUUUUM!

El cuerpo de Crane cayó al suelo.

—¿Para quién trabajas? —gritó Batman—. ¿Quién es tu jefe?

—Ra's… Rā's al Ghūl —gritó Crane. Hablaba con mucha dificultad.

— Rā's al Ghūl está muerto, Crane —dijo Batman—. ¿Para quién trabajas realmente?

Crane cerró los ojos. Dijo solo unas pocas palabras.

—Máscaras… drogas… humo… agua… vapor…

Se oyó una voz muy fuerte. Venía de fuera.

—¡Batman, sal del edificio! La policía ha rodeado el edificio. No puedes escapar.

Batman encontró a Rachel. La tomó en sus brazos y trepó hacia el techo del edificio.

El sargento Gordon entró en el edificio para buscar a Batman. Comenzó a subir las escaleras. De repente, notó un brazo que lo agarraba y voló hacia arriba.

Batman lo dejó con cuidado en la parte de arriba del edificio.

Entonces, Gordon vio a Rachel acostada allí.

—¿Qué le pasó? —preguntó.

—Crane le dio una droga muy peligrosa —dijo Batman—. Si no consigo el antídoto, Rachel morirá.

—¿Cómo escaparás? —preguntó Gordon.

—Voy a llamar para pedir ayuda —dijo Batman.

Tocó algo en su zapato. Hizo un ruido muy fuerte.

Una enorme nube negra comenzó a crecer en el cielo de Ciudad Gótica. Creció más y más, y se acercó más y más.

Finalmente, bajó hasta el tejado del hospital.

¡Murciélagos! ¡Miles de murciélagos!

Volaban alrededor de Bruce y Rachel. Los murciélagos escondieron a Batman y a Rachel hasta que llegaron al Batimóvil. Batman condujo hasta su casa, la Baticueva. Cuando llegaron, Bruce observó a Rachel. Tenía los ojos cerrados y no se movía. Estaba fría. La llevó desde el Batmóvil hasta la mesa. Le dio el antídoto.

En el Asilo Arkham había policías por todas partes. Un joven agente corrió hasta donde estaba el sargento Gordon. —Señor —gritó—. Hay algo que debe ver.

Gordon lo siguió hasta otra gran habitación. En el centro del suelo había una pequeña puerta. Estaba abierta.

Gordon miró por la puerta y abajo vio el río. Junto a la puerta había cinco o seis frascos grandes.

—Usaban el río para algo —dijo Gordon—. Pero ¿para qué?

Miró los frascos.

—Quiero hablar con alguien del Departamento de Aguas —gritó—. ¡Ahora mismo!

Rachel se despertó. Se sentía muy mal.

—¿Cómo te sientes? —le preguntó alguien. Rachel conocía esa voz. Lo miró… ¡Era Batman!

—¿Dónde estoy? —preguntó—. ¿Por qué me trajiste aquí?

—Estabas muy enferma —dijo Batman—. Yo te rescaté.

—Ahora me acuerdo. Esa máscara horrible —dijo ella—. Fue Crane. Debo decírselo al sargento Gordon.

Trató de moverse.

—No, no te levantes. Quédate donde estás —dijo Batman—. El sargento Gordon ya capturó a Crane.

—¿Por qué me salvaste la vida? —le preguntó ella.

—Ciudad Gótica te necesita —dijo él—. Mira, toma esto. Te ayudará a dormir. Cuando te despiertes, por favor, busca al sargento Gordon y dale esto.

—¿Qué es? —preguntó.

—El antídoto de su droga mortal —dijo Batman—. Un frasco es para Gordon. El otro es para hacer suficiente antídoto para los ciudadanos de Ciudad Gótica.

—Crane no era el jefe. Trabajaba para alguien más —dijo Rachel—. Algo como al Ghūl.

—Rā's al Ghūl —dijo Batman—. No, no es Rā's al Ghūl. Él está muerto. Yo estaba allí cuando murió.

Pero Rachel ya estaba dormida.

CAPÍTULO 6
UN INVITADO SORPRESA

En la habitación vacía, el sargento Gordon hablaba por teléfono.

—Alguien puso una droga peligrosa en el agua de la ciudad —dijo Gordon.

—Bueno, nosotros analizamos el agua todos los días —dijo el hombre del Departamento de Aguas—. Y los resultados de hoy están bien.

—Quizás sea buena para beber pero peligrosa para oler —dijo Gordon.

—Eso es posible —dijo el hombre.

Cuando terminó la llamada, Gordon vio la gran caja del barco.

—¿Qué es esto? —preguntó—. Vamos a abrirla. Levantó la tapa y vio una máquina.

—Es más grande que un coche —dijo un policía—. ¿Qué tiene escrito?

—EMPRESAS WAYNE – 47B1-ME —leyó Gordon.

—¿Qué hace? —preguntó un policía.

—No tengo ni idea —respondió Gordon—. Pero nadie debe acercarse, ¿de acuerdo?

Bruce salió de la cueva y subió a la casa.

Todos se divertían en su fiesta de cumpleaños. Cuando él llegó, le cantaron el *Feliz Cumpleaños*.

Bruce caminó entre la gente, saludándola. Finalmente encontró a la persona que buscaba, Lucius Fox.

—Sobre la máquina —preguntó en voz baja—, ¿encontraste algo?

—Sí. Puede transformar agua en vapor —dijo Fox.

Bruce pensó durante un momento. —Así que podrías

poner una droga peligrosa en el agua —dijo—. Y luego podrías transformar el agua en vapor y matar a toda la gente de la ciudad ¿No es así?

—Sí —dijo Fox.

—¡Oh, no!

Bruce caminó discretamente hacia la puerta. Debía salir de la habitación lo más pronto posible. Pero una mujer lo agarró del brazo. Era la señora Delane, una vieja amiga de su padre.

—¡Bruce! —dijo. Quiero que conozcas a alguien.

—Lo siento, ahora debo irme, señora Delane —dijo Bruce—. Debo…

Entonces vio al hombre que estaba con la señora Delane. El hombre llevaba una flor azul en su chaqueta.

—Bruce este es el señor al Ghūl —dijo la Sra. Delane.

—Usted no es Rā's al Ghūl —le dijo Bruce al hombre.

—No, tienes razón, Bruce —dijo una voz detrás de él. Bruce se giró. Era Ducard.

—Él no es Rā's al Ghūl —dijo Ducard—. Rā's al Ghūl soy yo. No soy Ducard, nunca lo fui. Y tú, Bruce, eras mi mejor alumno hasta que te escapaste.

Bruce miró a su alrededor y vio que no conocía a mucha gente. No eran sus amigos. ¡Eran *ninjas*!

Sus invitados estaban en peligro. Debían irse pronto. ¿Qué podía hacer? Tomó una copa. —¡Es mi cumpleaños! —gritó—. ¡Salud para todos mis invitados! ¿No les gusto, no es cierto? Están aquí porque les gusta mi dinero. ¡Están aquí porque quieren comida y bebida gratis!

Los invitados se enfadaron. Enseguida se fueron. Se metieron en sus coches y condujeron lejos.

Rā's al Ghūl se rió. —De todos modos morirán muy pronto —dijo.

—Entonces, ¿Crane trabajaba para ti? —le preguntó Bruce.

—Sí —dijo Rā's al Ghūl—. Pero solo le interesaba el dinero. Yo quiero mucho más que eso. Cuando Ciudad Gótica muera, la gente de todas partes estará asustada. Habrá peleas y muertes por todo el mundo. El hombre desaparecerá. No habrá más gente. El mundo será fantástico otra vez. Yo te salvé, Bruce, pero tú me enfrentaste. Tú incendiaste mi casa. Desde entonces, nos diste problemas. Y ahora te vamos a dar problemas a ti.

Rā's al Ghūl les dio una orden a sus hombres.

—¡Adelante!

Los *ninjas* comenzaron a prender fuego a los muebles.

Unos kilómetros más lejos, en el Asilo Arkham, cuatro policías estaban de pie alrededor de la máquina.

—¿Qué dijo Gordon? «Que nadie se acerque» —dijo uno de ellos.

—Excepto nosotros, por supuesto. Todos se rieron. Uno de ellos miró su reloj.

—Es la hora —dijo.

Encendieron la máquina y pusieron explosivos en la pared.

No seguían las órdenes del sargento Gordon.

El sargento Gordon estaba de pie fuera del Asilo Arkham.

Rachel corrió hacia él. Le dio los dos frasquitos. —Son de Batman.

¡BUUUUUUUUUM!

Antes de que él pudiera responder, hubo una gran explosión. Gordon corrió hacia la habitación de la máquina. No había pared. Cuatro policías empujaban la máquina hacia afuera. Uno de ellos tocó algo en la máquina. Comenzó a hacer un ruido raro.

¡BUUUUUUUUUM!

Hubo una segunda explosión.

¡BUUUUUUUUUM!

Y luego otra.

¡BUUUUUUUUUM!

Y otra más.

Había vapor por todas partes. Una pequeña nube de vapor se movía hacia Gordon. El olor llegó hasta él. Le dolían la nariz y la boca.

En el Departamento de Aguas, los trabajadores miraban un mapa de Ciudad Gótica. Había luces por todo el mapa. Todas las luces eran verdes. Excepto una. La luz del Asilo Arkham era roja.

Wayne Manor se incendiaba.

—¿Viniste a matarme? —le preguntó Bruce a Rā's.

—No —dijo Rā's. Vine a hacerte una pregunta. ¿Te unes a nosotros?

—¡Nunca! —dijo Batman —. No quiero ser parte de esto.

—Entonces... ¡luchemos! —dijo Rā's—. Y muere con Ciudad Gótica.

Sacó una espada.

Lucharon y lucharon, hasta que finalmente Bruce se paró sobre Rā's y puso su espada sobre la cabeza de Rā's.

—Me enseñaste muy bien, Rā's —dijo.

—Sí, lo hice —dijo Rā's—. Pero siempre te olvidas de mirar a tu alrededor.

¡CRAAAAC!

Bruce miró hacia arriba. El techo estaba en llamas. Y un trozo caía sobre él.

¡PLAS!

Lo golpeó y Bruce se cayó al suelo.

—Adiós, amigo —dijo Rā's—. Salió corriendo del edificio. Un coche lo esperaba.

CAPÍTULO 7
¡CRAAAAAAAASHHHHHHHHHH!

—¡Señor Bruce! ¡Señor Bruce! ¡Despierte!

Bruce abrió los ojos. Alfred estaba a su lado. Una parte del techo estaba sobre Bruce.

—¡Empuje! —dijo Alfred—. Es fuerte, puede hacerlo.

Bruce empujó y empujó, y finalmente Alfred movió el trozo de techo a un lado. Bruce se puso de pie y los dos escaparon hacia la cueva.

—Alfred —dijo—, Wayne Manor se incendia y no puedo ayudar a Ciudad Gótica. Cometí tantos errores…

—¿Y por qué nos caemos, señor? —le preguntó Alfred.

—Nos caemos —dijo Bruce— para aprender a levantarnos otra vez ¡Debo irme!

Se puso el Batitraje y se alejó en el Batimóvil.

¡ZUUUUUM!

En unos minutos estaba en Ciudad Gótica.

Los criminales del Asilo Arkham corrían por todos
lados. Gritaban y bailaban, y rompían cosas. Rachel
miraba. Un tren paró cerca de ella. Unos hombres con
máscaras comenzaron a poner una máquina muy grande
en el tren.

Corrió a buscar al sargento Gordon en el asilo. Estaba
sentado en el suelo. Vio que estaba muy enfermo.
Necesitaba el antídoto. Y pronto. Rachel sacó uno de los
frasquitos del bolsillo del sargento.

—No se preocupe —dijo Rachel—. Puedo ayudarlo.

Rachel le dio a Gordon el antídoto y, lentamente,
comenzó a sentirse mejor. La gente del asilo gritaba y se
acercaba cada vez más, se sentía mal por la nube blanca.
De repente, todos comenzaron a correr hacia Rachel y
Gordon.

«Oh, no» —pensó Rachel—. «Van a matarnos».

¡RUUUUUUUUN RUUUUUUUUUUN!

El Batimóvil llegó de la nada. Batman corrió hacia
Rachel. Le dio a Gordon las llaves del Batimóvil.

—Conduce con cuidado —le dijo. Batman tomó a
Rachel en sus brazos y subió al tejado con ella, por encima
de la nube peligrosa. Gordon corrió hacia el Batimóvil.

Desde el techo, Batman y Gordon veían toda la ciudad
Gótica.

—Estaban subiendo una gran máquina al tren —dijo
Rachel.

—En ese momento el tren comenzó a moverse. De
repente, Batman lo entendió todo.

—Por supuesto —dijo—. Las vías del tren van hacia el
río, hasta la Torre Wayne. Rā's va a usar la máquina aquí.
Va a transformar el agua de la ciudad en vapor. Va a matar
a todos los ciudadanos.

Batman fue hasta el borde del tejado.

—¡Batman, no saltes! —dijo—. Puedes morir. Por favor dime tu nombre.

—Lo que hago es lo importante, no lo que digo.

—¿Bruce?... ¡Bruce! —gritó Rachel.

Pero Batman ya no la escuchaba. Volaba hacia abajo. Cayó sobre el techo del tren y se quedó allí.

¡PUM! ¡PUM! ¡PUM! La gente del tren disparó a través del techo. Hirieron a Batman tres veces. Se cayó del techo.

Los *ninjas* que estaban en el último vagón del tren miraron por la ventana. Primero miraron hacia arriba. No vieron a Batman. Después, miraron hacia abajo. ¡Batman todavía estaba allí! Agarraba una larga soga y volaba de un lado a otro bajo el tren colgante.

En una calle, debajo del tren, había un *ninja* en la parte de atrás de un coche verde. Apuntaba su arma hacia Batman. Gordon llegó por la esquina, en el Batimóvil. Conducía rápidamente.

¡RUUUUUUUUN RUUUUUUUUUUN!

Chocó con el coche verde. Este explotó como una bola de fuego.

Batman trepó por la soga hasta el tren colgante. Subió al último vagón y luchó con los *ninjas*. Después fue hacia la parte delantera del tren.

Cuando llegó al primer vagón, Rā's se giró. Abrió la boca.

—¡Tú! —dijo. Sacó su espada y corrió hacia Batman.

Batman se movió rápidamente hacia el borde del tren. Rā's levantó su espada sobre la cabeza de Batman. Batman la paró y la partió en dos trozos.

El tren se acercaba al centro de Ciudad Gótica. Ahora estaba muy cerca de la Torre Wayne.

«Debo parar el tren» —pensó Batman.

Se asomó por la parte delantera del tren y tiró la espada de Rā's entre las ruedas. Se oyó un ruido terrible.

Rā's se tiró sobre Batman y puso las manos sobre su boca y su nariz. Batman no se podía mover. Todo se volvió negro.

—Ahora estás asustado, ¿no? —preguntó Rā's.

Batman miró la cara de Rā's. En ella vio el fin del

mundo. Eso enfadó a Batman. Y cuando Batman se enfadaba, era muy fuerte. De repente empujó a Rā's con fuerza y voló fuera del tren, hacia el cielo.

Rā's miró hacia arriba con sorpresa y enfado. Después, se asustó mucho. El tren iba a chocar en menos de un segundo. Salió de las vías y se cayó hacia el vacío.

¡CRAAAAAAAASSSSSSSHHHH!

Cayó en el aparcamiento frente a la Wayne Tower, y explotó como una bola de fuego.

Poco después, todos los tipos malos estaban en prisión o sin trabajo. La gente de Ciudad Gótica comenzó a reconstruir su gran ciudad. Todos querían trabajar juntos.

El día después de la explosión, William Earle entró en su oficina. Lucius Fox estaba detrás de su mesa.

—¿Qué hace usted en mi oficina? —preguntó.

—Ahora, esta es mi oficina —dijo Fox alegremente—. Soy el nuevo jefe de Empresas Wayne.

—¿Quién lo dice? —preguntó Earle.

—Lo digo yo —dijo Bruce, apareciendo por detrás de Earle—. Esta es mi empresa. Adiós, señor Earle.

En Wayne Manor había muchos trabajadores. Estaban construyendo una casa exactamente igual a la anterior. Lenta y cuidadosamente.

Bruce fue al viejo pozo del jardín. Lo tapó con un gran trozo de madera. Rachel estaba con él.

—Me caí en este pozo hace mucho tiempo, ¿recuerdas? —le preguntó.

—Por supuesto —dijo ella.

—Las cosas nunca fueron iguales después de eso —dijo él.

—¿Qué cambió? —preguntó ella.

Bruce puso otro trozo de madera sobre el pozo. Ahora estaba completamente cerrado.

—En ese momento comencé a ser un hombre —dijo.

—Eres un gran hombre, Bruce —dijo ella.

Bruce la miró. Ella vio que Bruce la amaba.

—No hay lugar para mí entre Batman y Bruce Wayne —le dijo ella.

—No necesito ser Batman —dijo él—. Puedo elegir mi vida.

—No —dijo ella—. No puedes. La gente especial no siempre puede elegir su vida. Ciudad Gótica te necesita. Adiós, Bruce.

—Adiós, Rachel —dijo él—. Haré todo lo que pueda por Ciudad Gótica.

—Sé que lo harás —dijo ella.

BATMAN:

¿Cuándo apareció Batman por primera vez?

Batman es uno de los héroes de cómics más famosos. Existe desde hace mucho tiempo… ¡60 años exactamente! Apareció por primera vez en la revista *Detective Comics* número 27 en 1939.

¿Tiene poderes especiales?

No, Batman no es como Superman o la Mujer Maravilla. Es una persona normal, como tú y como yo. No puede volar, no puede caminar sobre el agua y no puede subir edificios por sí mismo.

Entonces, ¿cómo hace Batman para ganar siempre su lucha contra el crimen?

Batman aprendió a hacer algunas cosas ingeniosas. Es un detective estupendo y un luchador de artes marciales muy bueno. Lucha bien y piensa rápidamente. También es excelente a la hora de escapar. Y tiene algunas herramientas muy especiales… ¡lee la página siguiente!

¿Qué significan estas palabras? Puedes usar el diccionario:
el héroe de historietas   el poder   las artes marciales   las herramientas

POLICIA NO TRASPASAR   POLICIA NO T

PREGUNTAS FRECUENTES

P ¿Es Ciudad Gótica un lugar real?

¡No! En las historias de Batman, Ciudad Gótica está en la costa este de los Estados Unidos. Alguna gente piensa que, en realidad, Ciudad Gótica es Nueva York. Pero Nueva York es muchísimo más grande que Ciudad Gótica. La familia Wayne construyó gran parte de Ciudad Gótica y para construir Nueva York ¡fue necesaria más de una familia!

P ¿Usa Batman armas de fuego?

No, ni usa armas de fuego, ni mata a nadie.

P ¿Por qué se viste como un murciélago?

Para asustar a los malos. Y porque los murciélagos lo ayudan en su lucha contra el crimen.

> Trabaja en parejas. Haz una lista de todos los héroes de historietas que conoces: ¿Cuál es su nacionalidad? ¿Quién es tu héroe de historietas favorito? ¿Por qué?

ASAR POLICIA NO TRASPA

LAS HERRAMIENTAS DE BATMAN

EL TELÉFONO MÓVIL
¿Cuál es el número de
Batman? Solo Alfred lo sabe.

EL BATARANG fue una idea
de Batman. Es un bumerán en
forma de murciélago. Se lo tira
a los malos.

Si pudieras
elegir un obje
de esta págin
¿Cuál sería?
¿Por qué?

LA MÁSCARA DE BATMAN
En las orejas de la máscara de Batman,
hay unos aparatos. Los usa para escuchar
conversaciones a través de las paredes.

EL BATITRAJE es pesado... ¡pesa
30 kilos! Está hecho de un material
especial, muy grueso. Las armas
de fuego y los cuchillos no sirven
contra él. Como es negro, esconde
a Batman en la noche.

Encuentra estas palabras en las imágenes:
los guantes   el bumerán   el cinturón   la capa

EL BATIMÓVIL es una mezcla de coche deportivo Lamborghini Countach y de Humvee (un coche militar todoterreno). Puede saltar sobre un río.

¿Tiene Batman todo lo que necesita? Inventa una nueva herramienta para él.

LA BATICUEVA está debajo de Wayne Manor. En el piso principal: es donde está el **ORDENADOR** de Batman, y sus Batitrajes. En el sótano: es donde Batman guarda el **BATIMÓVIL**.

EL CINTURÓN MULTIUSO
En este cinturón, hay un cable muy fuerte y muy largo. Batman ata un extremo del cable al techo de un edificio alto; después toma el otro extremo y baja hasta el suelo.

LAS MINIBOMBAS
Batman las usa para hacer explotar cosas.

¿Qué significan estas palabras?
el material   el cable   el todoterreno

FICHA TÉCNICA

Enfrentar

«Tenía miedo de los murciélagos. Pero ya no. Ahora sé que ellos me tienen miedo a mí».

En *Batman: El comienzo*, Bruce Wayne se enfrenta a sus miedos y se vuelve una persona mucho más fuerte.

¡NOOOOOOOO! ¡TENGO MIEDO!

A veces, tener miedo es bueno. Nos enseña cosas sobre la vida. Tenemos miedo de las cosas desde que nacemos. A los bebés no les gustan los ruidos fuertes. Y no les gusta que su madre desaparezca.

El miedo nos enseña a evitar el peligro. Antes de entrar en una habitación oscura, pensamos: «¿Es seguro?» «¿Tengo miedo?»

> **Una revista para jóvenes les preguntó a 1000 chicos británicos: «¿Qué es lo que más miedo te da?»**

Aquí tienes las seis respuestas más populares (puedes usar el diccionario):

1. El calentamiento global.
2. Caerse de un lugar muy alto.
3. Un accidente de coche.
4. Los fantasmas.
5. Los chicos y chicas que te intimidan.
6. Las arañas.

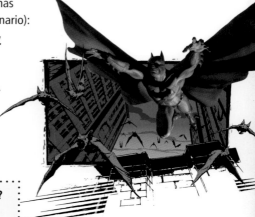

> ¿Estás de acuerdo con ellos?
> ¿Qué cosas te dan miedo?

50

Podemos tener miedo de...

...las cosas que nos rodean

«¡No me gustan las alturas! Odio estar a lo alto de un edificio o de una montaña ¡Ni siquiera me gusta subir en ascensor!».

Jemma, 15

«No me gustan las fiestas. Pienso: no conozco a nadie. Nadie va a hablar conmigo. Y si alguien habla conmigo, ¡no sé qué decir!».

Tara, 14

«Un perro saltó sobre mí y me tiró cuando yo tenía tres años. Desde entonces, tengo miedo de los perros».

Max, 12

«Ya sé que es una tontería, pero me da mucho miedo estar al frente de la clase. Si el profesor me pide que pase al frente, me muero de miedo».

Ashley, 14

...la gente que nos rodea

«Tengo miedo de que mi novia me deje. Creo que no soy ni guapo ni gracioso».

Fred, 14

...las cosas en nuestra cabeza

«¡Me dan miedo los fantasmas!».

Dean, 13

¿Qué significan estas palabras? Puedes usar el diccionario:
el miedo   dejar   los fantasmas
el calentamiento global   las arañas
los chicos que intimidan

Trabaja en parejas. Da consejos a los chicos de esta página ¿Qué pueden hacer para enfrentarse a sus miedos?

Capítulos 1 y 2

Antes de leer
Usa el diccionario para esta sección.

1 Usa estas palabras para responder las preguntas.
el murciélago   la cueva   el hielo   el techo   el traje   la espada
¿Cuál / Qué...
a) es grande y fría?
b) es duro y frío?
c) llevas para vestir?
d) es peligrosa?
e) es un animal que vuela de noche?
f) está sobre una casa?

2 ¿Cuál es cuál?
la torre   el pozo
a) Una ... es muy alta.
b) Un ... es muy profundo.

3 Encuentra la mejor palabra para cada definición.
comenzar   explotando   agujero   mental
a) Si tienes uno de ellos en el bolsillo el dinero se cae.
b) Cuando algo hace ¡bum! y se rompe en trozos, está haciendo esto.
c) Puedes hacer este tipo de trabajo con tu cabeza.
d) Haces esto con un libro si lo abres en la página uno.

4 Usa estas palabras para completar las oraciones.
la prisión   el criminal   el abogado
a) ... dice: «Este hombre quizás no robó el dinero del banco».
b) ... dice: «Yo no lo hice, estaba en casa viendo la tele».
c) Enviaron al ... a ... .

5 Lee el apartado 'Gente y Lugares' de las páginas 4 y 5.
a) ¿Quién crees que va a ganar, los buenos o los malos?
b) Algo le pasa a Wayne Manor en esta historia ¿Qué crees que será?

Después de leer

6 Responde estas preguntas.

    a) ¿Cómo crees que sale Bruce de la prisión?

    b) ¿Por qué Bruce le tiene miedo a los murciélagos?

    c) ¿Qué les pasa a los padres de Bruce cuando salen del teatro?

    d) ¿Qué son las cosas más importantes que Ducard le enseña a Bruce?

    e) ¿Por qué Bruce no mata a Joe Chill?

    f) ¿Qué pasa cuando Bruce huele el humo de la flor azul?

    g) ¿Cómo muere Rā's al Ghūl?

    h) ¿Se alegra William Earle de ver a Bruce?

7 ¿Qué piensas?

    a) Al final del capítulo 2, Bruce dice «Pronto estaré listo». ¿Para qué estará listo?

    b) ¿Quién será amigo de Bruce: Lucius Fox o William Earle?

Capítulos 3 a 5

Antes de leer

8 Encuentra la mejor palabra para cada definición.

Usa el diccionario para esta sección.

el antídoto   las drogas (los medicamentos)
las máquinas   la máscara   el vapor

    a) Las usamos para obtener algo de manera automática.

    b) Si expones el agua caliente hacia el aire frío, esto sale del agua.

    c) La gente las toma para curarse.

    d) Si te la pones sobre la cara, la esconde.

Escribe una definición para la palabra que no has usado.

Después de leer

9 Bruce visita a la gente que vive al lado del río. Imagina que vives al lado del río. Escribe sobre tu vida actual, y sobre tu vida hace 10 años.

10 Responde estas preguntas.

a) ¿Quién trabaja para quién? Relaciona estos nombres:

el Dr. Crane   Carmine Falcone
los trabajadores de los barcos   'el jefe'

b) ¿Quién puso a Falcone sobre una farola al lado del río?

c) ¿Por qué el Dr. Crane le hace tomar la droga a Falcone en la comisaría?

d) ¿Cuáles son las cosas más importantes que Ducard le enseña a Bruce?

e) ¿Cuáles son los dos problemas de William Earle?

11 Completa con el nombre correcto.

a) … quiere que todos piensen que es rico y perezoso.

b) … rescata a Batman del Asilo Arkham.

c) … va a hacer un antídoto para la droga de Crane.

12 Ordena estos hechos.

a) Cientos de murciélagos ayudan a Batman y a Rachel a escapar.

b) Batman sube hacia el tejado con Rachel.

c) Batman hace que Crane tome su propia droga.

d) Crane le da la droga a Rachel.

e) Crane le muestra sus drogas a Rachel.

d) Rachel intenta escapar.

g) Llega la policía. Quiere detener a Batman.

Capítulos 6 y 7

Antes de leer

13 ¿Qué piensas?

a) El Dr. Crane dice que Rā's al Ghūl es su jefe ¿Por qué dice esto?

b) ¿Qué hacen los malos en el río?

c) El capítulo 6 se llama «Un invitado sorpresa»: ¿Quién será el invitado sorpresa a la fiesta de cumpleaños de Bruce?

Después de leer

14 Corrige estas oraciones.

   a) La gente del Departamento de Aguas encuentra una droga peligrosa en el agua.

   b) Lucius Fox no sabe qué hace la máquina.

   c) Rā's al Ghūl es Ducard.

   d) Bruce les dice cosas horribles a sus invitados porque no los quiere.

   e) Bruce incendia Wayne Manor.

   f) El techo de Bruce Manor cae sobre Rā's al Ghūl.

   g) Rā's al Ghūl no se escapa.

15 Responde estas preguntas.

   a) ¿Cómo ayuda Rachel a Gordon?

   b) ¿Cómo hará Rā's al Ghūl para matar a todo el mundo en Ciudad Gótica?

   c) ¿Por qué los revólveres de los *ninjas* no matan a Batman?

   d) El tren no choca contra la Torre Wayne ¿Cómo lo detiene Batman?

   e) ¿Quién es el jefe de Empresas Wayne ahora?

   f) ¿Se casará Rachel con Bruce?

16 Imagina que trabajas para el periódico de Ciudad Gótica. Ayer llegó Rā's al Ghūl a Ciudad Gótica con los *ninjas*. Escribe un titular para el periódico.

17 Responde estas preguntas.

   a) ¿Cómo descubre Rachel que Bruce Wayne y Batman son la misma persona? Lee las páginas 24 y 41.

   b) ¿Por qué crees que Rā's al Ghūl quiere matar a todos en Ciudad Gótica?

Vocabulario nuevo

¿Qué significan estas palabras?

el abogado (sust.) ....

el agujero (sust.) ....

el antídoto (sust.) ....

comenzar (v.) ....

el criminal (sust.) ....

la cueva (sust.) ....

la droga (sust.) ....

el enfermo mental (sust. y adj.) ....

la espada (sust.) ....

la explosión (sust.) ....

explotar (v.) ....

el hielo (sust.) ....

la máquina (sust.) ....

la máscara (sust.) ....

el murciélago (sust.) ....

el pozo (sust.) ....

la prisión (sust.) ....

el tejado (sust.) ....

la torre (sust.) ....

el traje (sust.) ....